A
LA RÉPUBLIQUE
FRANÇAISE.

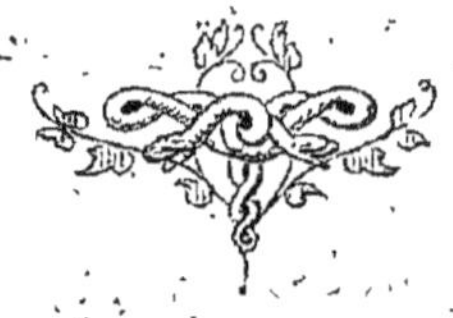

Léopol.

IMPRIMERIE LUDOWA.

1890.

A
LA RÉPUBLIQUE
FRANÇAISE.

Léopol.

IMPRIMERIE LUDOWA.

1890.

Si la Révolution de 1789 est aux yeux de l'histoire plus qu'un combat des bêtes féroces qui, après avoir mué et jeté leur peau d'homme, s'engagèrent furieusement dans une lutte acharnée; si Paris, avec ses guillotines, a été plus qu'un abattoir à décapiter les hommes; si ce volcan gigantesque de passions épouvantables, de cruautés inouïes, de violences sans bornes, n'est pas regardé comme un égout de crimes abominables, méritant la malédiction de la postérité : c'est qu'à l'horizon, audessus d'une mer de sang versé, se leva et brilla l'arc-en-ciel de grandes et belles devises de l'humanité, c'est que la tempête déchaînée dispersa les nuages de plomb et fit apparaître le beau soleil de la liberté. Quelque épouvantable que soit la terrible tragédie de ces jours, la France en sortit digne et fière et, en apportant de nouvelles lois, elle se plaça à la tête de l'humanité civilisée, le flambeau dans sa main vigoureuse, la couronne sur son front pur et héroïque. Malgré les attentats des tyrans, les efforts des imposteurs ou des ennemis victorieux qui, tour à tour, ont voulu saisir et s'approprier l'étendard de la liberté, la France ne permit à personne de lui arracher le drapeau glorieux de ses mains, la couronne de son front. „La grande nation" a été aimée et respectée de toutes les autres; l'admiration et la croyance aveugle de ces dernières fut telle que Victor Hugo a eu l'audace de nommer sa patrie: le coeur du monde!

Que d'espérances, que d'inquiétudes éveilla ce coeur dans l'univers, lorsque, il y a vingt ans, ses palpitations accélérées battirent pour la liberté! De quelle tendresse extrêmese gonfla la poitrine de l'Europe, lorsque, après la terrible défaite, la nation presque écrasée brisa ses fers, ressuscita belle et hautaine, le regard enflamé et foudroyant, tourné contre toute violence ou oppression, — idéal, en même

temps pacifique et guerrier, de la liberté re-
naissante. Qu'il était beau ce rêve charmant
de l'humanité! Hélas, il fut de courte durée!
Le monde s'en réveilla avec un sentiment de
douleur et d'indignation : il aperçut cet idéal,
cette vierge immaculée, cette Jeanne d'Arc
de l'Europe, dans les bras impurs du tyran
oriental. C'est la soif ardente d'une vengeance
d'un ennemi qui a débauché la jeune vierge
et qui l'a poussée dans ces bras, mais c'est la
bassesse et l'avilissement moral qui l'y re-
tiennent. Plus de dix ans dure déjà cette
liaison abjecte, plus de dix ans la République, prêtresse de la liberté, fait la cour
et recherche les grâces de ce gros despote
qui la maltraite d'une façon par trop évidente
et la repousse parfois avec une brutalité tout
à fait sans gêne. Il a beau lui témoigner son
indifférence ou son mépris, — elle lui reste
d'autant plus devouée et fidèle. Elle a souillé
sa dignité, elle a renoncé à son illustre passé,
aux idées qu'elle défendit et qu'elle paya de
son sang. Elle confirme du sceau de son
approbation, même de son admiration, les

crimes de son amant. A la mort de Kat-
koff, qui a été un Mirabeau du despo-
tisme oriental le plus arriéré, un valet ou plu-
tôt un mâtin aux pieds d'un trône éclaboussé
des flots de sang, un misérable, maudit par
ses compatriotes, voilà que la France dépose
une couronne sur sa tombe, et M. Floquet, le
même Floquet, qui, à l'Exposition de 1867
cria à l'oreille d'Alexandre II.: „vive la Pologne!", mouille cette tombe moscovite de ses
larmes. Lorsque la pauvre Bulgarie, après la
sanglante étreinte de l'ours du Nord, ramasse
ses forces, panse ses blessures et se débat
avec énergie contre les attaques insultantes
et les intrigues invisibles de la grande protec-
trice des Slaves, qui est-ce qui lui met des
bâtons dans les roues, en se faisant utile et
agréable à son puissant adversaire? c'est encore la France, la grande nation, la République qui, pendant les fêtes du centenaire
de la grande Révolution, prit soin de faire
chanter le „Bojé tsaria khrani" (Dieu garde le
tsar!) à côté de la Marseillaise et qui chante
encore aux théâtres, hippodromes etc. les

deux hymnes : — l'un en honneur du despote ido-
lâtré par ses serfs, l'autre symbole de l'indé-
pendance et de la liberté — sans rougir de
cette confusion d'idées et de sentiments. Dor-
mez bien sous vos tombes illustres, vous,
grands héros de la Révolution, vous n'entendez
pas les sons du chant, qui est votre gloire, se
mêler à l'apothéose du tyran ! Certes, vous
mourriez de honte à l'instant, où vous verriez
cette drôlesse de république dépravée qui, pour
sauver les apparences de la liberté chez elle,
hésite de fermer les bouches tout ouvertes de la
presse calomniatrice, mais qui, en même temps,
chante les louanges du héros de l'oppression,
lequel enseigne à la France, comment on étouffe
les gémissements des victimes. — Charlotte
Corday, devenue maîtresse de Marat, ne serait
guère plus odieuse et plus méprisable que sa
patrie, cajolant le tsar moscovite. En regar-
dant ces caresses abjectes on n'éprouve pas
l'affliction d'une vertu déchue, mais l'abo-
mination d'une hypocrisie basse et perfide !
Vergnaud craint pour la France qu'elle ne
ressemble pas aux Pyramides de l'Egypte,

qui imposent au passant par leur grandeur, mais qui, à l'intérieur, sont vides ou remplies de poussière. En effet, la France de ce jour rappelle la maison de Caton, qui préconisait la sévérité de moeurs la plus absolue et... vendait sa femme à autrui. — Montesquieu, cet esprit hors ligne, si versé en matière de po litique, dit avec raison : il faut de la vertu à une république, de l'honneur à une monarchie, de la terreur à un gouvernement despotique. La France, désireuse et fière d'avoir chez elle un gouvernement basé sur la vertu, accorde généreusement aux autres le bonheur d'être gouvernés par la terreur. Aux peuples subjugués elle semble répondre, avec un sourire ironique qui la flétrit, par les paroles de son grand poète: „l'ange du martyr est le plus beau des anges qui portent les âmes en ciel". Quel cynisme et quelle dépravation dans cette ironie amère! En parlant de la grande Révolution, Napoléon I. s'écria: »nous en avons lavé les premières souillures dans des flots de gloire«. Et voilà qu'aujourd'hui ces mêmes idées, qui ont valu la gloire au peuple fran-

çais, ont roulées dans la boue du déshonneur !
La république française, galante, prodiguant
ses caresses au grand barbare de toutes les
Russies, dépasse en démoralisation et en cul-
pabilité une monarchie guidée par la même
politique et faisant encore plus d'avances, encore plus de bassesses : or, l'amitié de la république représente l'union des peuples, fait
croire à une harmonie de principes, signifie
l'amour entre citoyens libres et citoyens asser-
vis ; tandis qu'une alliance entre monarques,
trouvant sa raison d'être dans leur intérêt ou
dans celui de leurs dynasties, n'a guère d'autre
signification et ne saurait être imputée aux
nations. L'histoire n'aura pas un mot d'excuse
pour cette république, qui rappelle ces vils com-
merçants qui, fondateurs zélés de maintes socié·
tés de sobriété chez eux, exportent des quan-
tités d'eau-de-vie pour enivrer les hommes en
dehors de leur pays. L'histoire condamnera
cette république hypocrite, dont la langue
chante toujours encore la liberté, et en même
temps glorifie l'autocratie, lèche les pieds
qui foulent la Pologne et les mains qui pen-

dent les Bulgares. Quelle honte de voir une république libre et indépendante trembler en esclave devant la colère de son maître.

Par amour de la vérité et par mépris du vice, il faut absolument arracher le masque du visage de cette courtisane du puissant tyran, marquer ce front misérable du fer rouge et y porter le coin des souffrances des peuples malheureux, qu'elle semble approuver et bénir. Il faut porter à la connaissance de la postérité ce fait ignominieux, qu'une république devint amoureuse d'un autocrate barbare, d'un tsar russe, qui torture, exile, empoisonne, pend et martyrise la pensée libre et indépendante, dont la France se ferait une gloire, qui persécute les esprits, auxquels une nation republicaine serait fière de confier son gouvernement. Les ministres et les députés libéraux de la France, s'ils avaient le malheur d'être sujets russes et d'habiter ce pays, seraient emprisonnés, envoyés en Sibérie ou pendus, et ces mêmes ministres, pour plaire à l'oppresseur des nations, applaudissent à toutes ses cruautés, à tous les supplices qu'il inflige à des millions d'hommes. La torche

lumineuse, dans les mains de la France, ne
sert plus à disperser les ténèbres de la bar-
barie et de l'ignorance, elle devient malheu-
reusement l'instrument à mettre le feu aux
bûchers. destinés à y brûler les martyrs du
néronisme russe. Il ne faut pas être Français
pour souffrir horriblement à la vue de cette
perfidie d'un gouvernement républicain, il
suffit d'être homme. Mais à quelque nationa-
lité qu'on appartienne, on doit châtier ces
actions basses et indignes, les nommer par
leur nom, marquer la nation aveugle et déchue de l'insulte qu'elle mérite, découvrir la
vérité devant l'histoire, qui vengera l'humanité lésée et les lois de l'homme foulées aux
pied, en condamnant la grande coupable devant
la postérité.

www.ingramcontent.com/pod-product-compliance
Lightning Source LLC
Chambersburg PA
CBHW061228050726
47594CB00009B/3851